GUÍA DE LECTURA

Escrita por Ignacio Mayorga Alzate

La muerte en Venecia

de Thomas Mann

THOMAS MANN

ANALISTA DEL ALMA ALEMANA

- **Nacido en 1875 en Lubeca (Imperio alemán)**
- **Fallecido en 1955 en Zúrich (Suiza)**
- **Premios literarios**:
    - Premio Nobel de Literatura (1929)
    - Premio Goethe (1949)
- **Funciones destacadas:**
    - Miembro de la Academia Estadounidense de las Artes y las Letras
    - Miembro de la Academia de las Artes de Berlín
    - Miembro de la Academia Estadounidense de las Artes y las Ciencias
- **Algunas de sus obras:**
    - *Los Buddenbrook* (1901), novela
    - *La montaña mágica* (1924), novela
    - *José y sus hermanos* (1933-1943), tetralogía
    - *Doktor Faustus* (1947), novela

Paul Thomas Mann nació el 6 de junio de 1875 en Lubeca, en el recientemente creado Imperio alemán, en el seno de una acaudalada familia industrial. Hijo de padre alemán y madre brasileña con ascendencia alemana, portuguesa e india, el joven Mann no sobresalió particularmente durante sus años escolares. Ni siquiera llegó a concluir sus estudios de bachiller. Sin embargo, siempre se sintió inclinado hacia la escritura y fue un ávido lector de la filosofía alemana, que llegaría a influir su obra en gran medida. Durante sus años de adolescencia, Mann se vio atraído por compañeros de su mismo sexo, los cuales aparecerían luego sublimados a lo largo de su extensa obra narrativa. Asistió como oyente a varias clases universitarias sobre literatura, mitología, economía, estética e historia y, en 1895, viajó por primera vez a Italia en compañía de su hermano mayor Heinrich. Allí escribiría su primera novela, *Los Buddenbrook*, en 1901, con la que se daría a conocer rápidamente en el ámbito literario europeo. Pronto saltó a la fama, convirtiéndose en una de las figuras centrales de las letras del siglo XX.

Thomas Mann contrajo nupcias en 1904 con la hija de un matemático judío y tuvo con ella seis hijos. Su escandalosa vida familiar apenas puede sentirse en sus escritos personales. Sin embargo, lo cierto es que la tragedia fue una constante en su familia, como lo fueron también las artes y el libertinaje. Dos de sus hermanas se suicidaron tempranamente, como lo harían también dos de sus hijos (Klaus, novelista, y Michel, músico). Dos de sus descendientes —el suicida Klaus y la aguerrida Erika— escogieron el camino literario. Ambos eran también homosexuales y celebraron matrimonios infructuosos con el actor homosexual Gustaf Gründgens (quien desposó a Erika) y con Pamela Wedekind (en el caso de Klaus), mucho antes de la revolución sexual de la década de 1960.

A causa del nazismo y el ascenso de Hitler —de quien Mann era un abierto detractor— como canciller en Alemania en 1933, Mann decidió exiliarse de Europa y emigró a los Estados Unidos, después de haber vivido en Suiza —país en el que se vinculó al ámbito intelectual desde su posicionamiento en la Universidad de Princeton en 1938— y tras haber recibido el Premio Nobel de Literatura en 1929. A finales de la década de 1940, tras el desencadenamiento de la persecución macartista, Mann decidió regresar a Suiza, en donde murió en 1955.

La obra de Thomas Mann constituye uno de los legados más importantes para la cultura universal alemana. Su vasta producción literaria incluye una pulida producción que va desde el ensayo al teatro, la narrativa breve, la novelística y la escritura autobiográfica. Así mismo, Mann fue un importante activista para los derechos homosexuales, que se manifestó a favor de la homosexualidad y defendió las decisiones sexuales de cada individuo a la luz de su corriente liberal de pensamiento. La literatura europea del XX no podría entenderse cabalmente sin el aporte fundamental de la pluma y de las ideas de Thomas Mann.

LA MUERTE EN VENECIA

- **Género:** novela psicológica
- **Edición de referencia:** Mann, Thomas. 1972. *La muerte en Venecia*. Traducido por Martín Rivas y Raúl Schiaffino. Barcelona: Editorial Planeta
- **Primera edición:** 1912
- **Temáticas:** viaje, muerte, juventud y vejez

La muerte en Venecia es una de las muchas novelas cortas que escribió Thomas Mann desde la primera publicación de su obra en 1901. La novela, publicada en 1912, presenta a un notable escritor alemán que se encuentra estancado al cumplir medio siglo de vida y que, gracias a un viaje a Venecia, se ve liberado y relajado, para luego caer presa de una obsesión por un joven polaco de sorprendente belleza llamado Tadzio. A pesar de que nunca le dirige la palabra y ni siquiera se atreve a tocarlo, el intelectual se ve envuelto en una pasión profunda por su efigie que lo llevará a la ruina. Entretanto, Venecia y el mismo escritor sucumben en medio de una epidemia de cólera proveniente de Oriente. A pesar de su brevedad, *La muerte en Venecia* se ha convertido en uno de los textos más celebrados del importante autor que, conforme crecía su popularidad, fue produciendo una serie de adaptaciones notables que varían desde el cine a la ópera.

La muerte en Venecia ha sido objeto de polémica en la crítica debido a su marcado tono homoerótico. Algunos han querido ver en la obra de Mann la apología de sus propias perversiones y una exaltación de la pederastia. Sin embargo, reducir la obra a esta lectura la privaría de las muchas interpretaciones que puede suscitar su inquietante lectura.

¿SABÍA QUE...?

La muerte en Venecia está inspirada en una visita real que realizó Thomas Mann a esa ciudad en compañía de su esposa. La pareja se alojó en el mismo hotel del relato y, al parecer, el escritor también se vio atraído por un joven polaco llamado Tadzio. Sin embargo, Mann no se atrevió a perseguirlo por la ciudad como sí lo hizo Aschenbach en la novela.

RESUMEN

ASCHENBACH ESCAPA A VENECIA

El personaje principal de *La muerte en Venecia* es Gustav von Aschenbach, un reconocido autor en sus cincuenta que recientemente ha sido galardonado por sus méritos artísticos, de allí el «von» de su nombre. Aschenbach es un hombre de férrea disciplina dedicado a su arte, es responsable y recatado hasta el borde de la severidad y ha enviudado a temprana edad. Cuando la historia empieza, está caminando por las afueras de un cementerio y divisa a un burdo extranjero de cabellos rojos que le devuelve la mirada de forma violenta. El escritor decide alejarse con una mezcla de sentimientos entre el estímulo curioso y la vergüenza. Un deseo de viajar se apodera del respetado intelectual, y tiene una visión en la que entra en un paraje de ensueño de un pantano salvaje en el que coexiste el mundo salvaje, la vegetación fértil y exótica y una serie de peligros que propician el valor de la aventura. Poco después del encuentro con este extraño sujeto, decide tomarse unas vacaciones.

Tras un infructuoso arribo a Pula, en la costa del Imperio austrohúngaro, el escritor cae en la cuenta de que su «destino» es viajar de nuevo a Venecia y hospedarse en el Grand Hôtel des Bains en Lido, una isla veneciana. En su viaje por barco a la isla presencia la interacción entre un grupo de emocionados jóvenes de Pola y un hombre anciano que pretende integrarse en el grupo. El extraño personaje busca crear la ilusión de una falsa juventud, ataviado con una peluca, una dentadura postiza, maquillaje y un atuendo aparentemente juvenil, pero viejo y pasado de moda. Aschenbach se muestra horrorizado por la pretensión ingenua del viejo y por su inmadura necesidad de encajar entre el grupo de jóvenes, que termina con el viejo perdidamente borracho y haciendo el ridículo. Al arribar a la ciudad, el escritor tiene un encuentro desagradable con un gondolero ilegal —otro extranjero de pelo rojizo y rostro cadavérico— que lo conduce violentamente por los canales de la voluptuosa ciudad italiana. El hosco personaje repite que puede conducirlo perfectamente por la ciudad cuando Aschenbach le ordena regresar al embarcadero de vapores. A pesar de la extrañeza del comportamiento del gondolero, el escritor pronto sucumbe al hechizo del viaje y se deja llevar entre los canales de la ciudad.

ASCHENBACH CONOCE A TADZIO

Tras haber reflexionado sobre estos extraños encuentros y haberse registrado en el hotel, el prestigioso intelectual alemán observa durante la cena a una familia polaca que le llama poderosamente la atención. Entre ellos se encuentra un joven adolescente, alrededor de los catorce años, ataviado con un traje de marinero. El escritor, sorprendido, se percata de que el jovencito es supremamente hermoso: evoca el ideal de la estética helena y recuerda a las hermosas estatuas de la Grecia antigua. Sus hermanas mayores, en cambio, parecen monjas por lo rigurosamente vestidas que van. Muy pronto, el joven se convierte en una obsesión en la mente del escritor quien, tras escuchar que se llama Tadzio mientras lo espiaba en la playa, asume que el joven despierta su interés por razones meramente artísticas y estéticas.

Rápidamente, el clima húmedo y cálido empieza a afectar la salud del escritor envejecido, quien ya había padecido el efecto nocivo que tenía Venecia sobre su cuerpo. Aschenbach decide irse antes de lo planeado y buscar un lugar más apto para su condición de salud. Venecia, con sus aguas putrefactas, parece querer advertirle al escritor los peligros que le esperan si decide permanecer resguardado entre sus muros. Sin embargo, la mañana en la que se suponía que abandonaría la ciudad, Aschenbach ve a Tadzio de nuevo y le sobrecoge un poderoso sentimiento de culpa y arrepentimiento. Cuando llega a la estación de trenes, se entera de que por error el baúl con su equipaje ha sido enviado a otro lugar. En principio, trata de mostrarse colérico por la equivocación, pero, en el fondo de su persona, se da cuenta de que rebosa de alegría por permanecer en la ciudad, cerca del hermoso joven polaco. Entonces, decide permanecer en Venecia hasta recuperar su equipaje, y regresa al hotel. Luego, decide no marcharse después de todo, tal es el efecto que produce Tadzio en él.

UNA OBSESIÓN TAN OSCURA COMO LA ENFERMEDAD

Durante las semanas siguientes, el interés inicial del escritor por el joven y rubio Tadzio empieza a parecerse más a una obsesión. Lo observa constantemente y lo sigue secretamente por la ciudad. Aschenbach intenta engañarse pensando que los encuentros por entre las calles venecianas responden a los designios del azar, pero lo cierto es que persigue desesperadamente por cada rincón de la ciudad a Tadzio y sus hermanas, quienes empiezan a sospechar de sus intenciones. Una noche, el adolescente polaco premia su obsesión con una cándida sonrisa, como un Narciso embebido en la contemplación de su propio reflejo. Desconcertado, Aschenbach sale aparatosamente del hotel y en el jardín vacío de sus inmediaciones, rodeado de plantas, entiende que su interés por el joven no proviene de sus inquietudes artísticas, sino que es algo más profundo: está enamorado de Tadzio.

Seguidamente, el escritor viaja de Lido a la ciudad de Venecia, en donde se percata de unas noticias discretamente escondidas por el Departamento de Sanidad, que advierten del riesgo de contagio de una enfermedad no especificada, y que sugieren evitar el consumo de mariscos. Aschenbach siente un olor fuerte y desconocido en cada rincón de Venecia, y posteriormente se da cuenta de que se trata de desinfectante. Sin embargo, las autoridades y los lugareños reniegan de la seriedad del contagio y los turistas continúan deambulando por las calles, sin percatarse de nada y embebidos en la contemplación de la sensual ciudad.

Al principio, Aschenbach ignora el peligro porque de alguna manera le alegra pensar que la enfermedad que esconde la ciudad se concatena con su propia y oscura pasión por Tadzio. Es después de entender esto que el escritor se encuentra con un tercer pelirrojo, igual de burdo que los anteriores. Esta vez, el personaje forma parte de un grupo de músicos callejeros que se presentan en el hotel para el entretenimiento de sus huéspedes. El escritor escucha las canciones que, de haberlas presenciado en su antigua vida alemana, le hubieran repugnado por su ramplonería y vulgaridad. Todo el tiempo observa a Tadzio, quien también es testigo de la escandalosa presentación. El joven le devuelve brevemente la mirada, causando en Aschenbach la ilusión de que la atracción puede ser mutua. Cuando el burdo músico se acerca al escritor, este se percata de que exuda el mismo hedor, ahora familiar, que ha venido percibiendo en las calles de Venecia.

UN CUERPO ENFERMO POR LA BELLEZA

El escritor recupera su respeto propio y decide descubrir la causa de las noticias de sanidad, que han sido desperdigadas por las calles de la ciudad. Después de que le repitan varias veces que solo debería preocuparse del siroco, se encuentra con un agente de viajes británico que, guiado por el honor de su raza, confiesa al envejecido escritor que existe una epidemia de cólera en Venecia, proveniente de Oriente, y que su vida corre peligro si decide permanecer en la ciudad. En este momento, Aschenbach entra en una dicotomía de orden moral: si advierte a la madre de Tadzio de los peligros de permanecer en Venecia, habrá obrado éticamente y en beneficio del objeto de su admiración, pero, de hacerlo, el joven abandonaría inmediatamente la ciudad y Aschenbach no volvería a ver al joven rubio. El escritor decide no revelar la verdad y permanecer en la ciudad enfrascado en la contemplación del bello polaco.

Aschenbach, después de haber dado prelación durante tanto tiempo a la razón y al intelecto, comienza a preocuparse por su rostro y cuerpo envejecido. En un intento para ser más atractivo, visita la barbería de su hotel en la que el barbero lo persuade de teñirse su pelo para recuperar su color negro natural y le maquilla el rostro para parecer más joven. Con este aspecto, dice el barbero, el escritor está listo para salir a enamorarse. A pesar de que no lo menciona, Aschenbach se ha convertido sin percatarse en el viejo del vapor en el que arribó a Venecia, aquel que tanta repulsión le produjo en un principio. Con su apariencia renovada, el escritor emprende la persecución de Tadzio por Venecia, asediado por el calor opresivo que tanto malestar le ha producido a lo largo de la narración y en visitas anteriores a la ciudad italiana. Al perder el rastro del joven efebo en el corazón de las calles venecianas, se encuentra exhausto y sediento y, por ello, decide comprar unas fresas podridas que engulle sin miramientos y se sienta a descansar en una plaza poco concurrida. En medio de las ruinas, recordando el ideal platónico de belleza y recordando el diálogo *El Fedón* del filósofo griego, Aschenbach pierde toda su dignidad, que alguna vez fue formidable y que dejó atrás tras fijar su vista por primera vez en el frágil y hermoso Tadzio.

Unos días después, el escritor visita el *lobby* de su hotel, débil y enfermo, y descubre que la familia polaca planea irse del hotel después del almuerzo. Entonces se dirige a la playa, a la usual silla plegable desde donde ha estado contemplando al joven desde su llegada. Tadzio está allí, frente al mar, sin supervisión de su madre, su institutriz o sus hermanas, jugando con los amigos que ha hecho en el viaje y con un joven inseparable llamado Jashu. De repente, una pelea entre los dos amigos se desata y Tadzio rápidamente cae vencido y ahogado por Jashu. Tras recuperar sus fuerzas abandona a los compañeros de juego que lo llaman, haciéndoles caso omiso. Tadzio se adentra en el mar y lo contempla largamente; luego, vuelve la mirada para encontrarse con que su admirador, de nuevo, lo está observando. Para Aschenbach, es como si el joven lo estuviese atrayendo e invitando a seguirlo. Intenta erguirse de su reposo para seguirlo, pero termina cayendo a un lado de la silla. Pocos minutos después descubren su cadáver. Ese mismo día el mundo recibe la dolorosa noticia de la muerte del admirado autor, completamente ignorante del rumbo que habían tomado sus pensamientos en los días que antecedieron a su partida definitiva.

¿Sabía que...?

En 1972 se estrenó la adaptación cinematográfica de *La muerte en Venecia*, realizada por el insigne director Luchino Visconti. La película sería una de las últimas de Visconti y es recordada como una de sus obras maestras. El filme, candidato al Oscar al mejor vestuario, ayudó a refrescar el interés por la novela y la obra de Mann. Dirk Bogarde interpretó a Aschenbach y Björn Andrésen, que entonces tenía diecisiete años, representó el difícil papel de Tadzio, que lo llevó a la fama inmediatamente.

ESTUDIO DE LOS PERSONAJES

GUSTAV VON ASCHENBACH

Es un destacado escritor alemán con fuertes similitudes con el propio Mann. Hijo de padre alemán y madre bohemia, colinda en él una mezcla única que le impone, por un lado, una férrea disciplina que raya en lo obsesivo y, por el otro, la sensualidad que lo lleva a perseguir la perfección artística. Fatigado y ya envejecido por la ardua labor de su rigor literario, el escritor buscará un viaje exótico que lo lleve lejos de la rutina que durante tanto tiempo ha consumido sus días. Su obra en principio se había perfilado como una prosa transgresora que atacaba vívidamente los cánones literarios en regla. Sin embargo, conforme pasaba el tiempo, la obra de Aschenbach terminó convirtiéndose en lectura obligada de los colegios alemanes; con todo, esto iba de la mano de la propia evolución del escritor, al que no le preocupaba haber pasado de rebelde a figura laureada. Al principio de la novela lo encontramos con un bloqueo creativo. No obstante, tras arribar a Venecia y conocer idílicamente a Tadzio, la anhelada inspiración regresa a él, despertando también una obsesión perversa que lo llevará a traicionar a su antigua persona y, en definitiva, que le causará su propia muerte.

TADZIO

El joven polaco es el motor que desencadena la ruina y salvación creativa de Aschenbach. Tadzio, el menor de una estricta familia liderada por una elegante madre y con un séquito de hermanas ataviadas como monjas, goza de una particular predilección entre las huestes de su progenitora. Tiene el cabello largo y rubio y es esbelto, blanquecino y frágil hasta el punto de que el escritor no se atreve a tocarlo. El escritor presiente que morirá joven, seguramente porque parece enfermizo y enfermo: el esmalte de sus dientes no parece dar cuenta de una salud juvenil. Habla suavemente y se muestra alegre cuando está rodeado de los suyos. Sin embargo, se comporta tímidamente frente a los extraños y entabla un peculiar juego de miradas con su anciano admirador. Es temperamental y explota con facilidad; sin embargo, una ligereza de espíritu lo lleva a olvidar rápidamente su furia, como cuando se sobrepone al desagrado que le resulta ver a una familia de rusos divirtiéndose en la playa.

JASHU

Es el amigo más cercano de Tadzio en el hotel. Parece que lo idolatra y se comporta como si fuera su vasallo. Es completamente opuesto a Tadzio: robusto, ruidoso y de pelo negro brillante.

CONSIDERACIONES FORMALES

GÉNERO

La muerte en Venecia podría catalogarse bajo la etiqueta de la novela psicológica, un género literario que enfatiza la personalidad interna de su protagonista, al igual que sus motivaciones, circunstancias y acciones internas que generan la acción exterior y también derivan de ella. En este sentido, las narraciones de carácter psicológico no se conforman con señalar qué sucede, sino que profundizan en las motivaciones internas del personaje para que esta acción suceda. En el género, los personajes y su personalidad son vitales para el núcleo central del texto, profundizando más cabalmente en los procesos mentales y las razones sentimentales que otros géneros. Podría decirse que la novela psicológica es la novela del hombre interior, pues su preocupación recae en el individuo, sus pensamientos, sus sentimientos y su forma de obrar. A veces, aunque este no sea el caso, el género se vale de técnicas como el fluir de consciencia o el monólogo interno para analizar, casi de manera científica, las motivaciones detrás de la conducta humana.

En este sentido, la acción de *La muerte en Venecia* no sucede tanto en Venecia como sucede dentro de Aschenbach, quien visita Venecia. Todo de lo que es testigo el lector pasa directamente por la mirada del escritor alemán. En virtud de esto, la realidad exterior no es tan relevante como lo es la percepción de la realidad a la luz de la persona que la percibe. Es decir, no siempre podemos dar por sentado que lo que ocurre en la novela ocurre realmente en el exterior del personaje, sino que bien podría ser fruto de su imaginación o estar afectado por el filtro con el que el protagonista accede al mundo exterior. Al no saber qué piensan o cómo se sienten los demás personajes del relato, debemos conformarnos con la única fuente de la individualidad de Aschenbach, lo que suscita una serie de preguntas en torno a lo ocurrido: ¿correspondía Tadzio al juego de miradas de Aschenbach? ¿Vio realmente el escritor a estos extraños personajes que lo acompañaron hasta el final en su último viaje? ¿Realmente Venecia es según como es retratada en la novela o Aschenbach la percibe de esta forma debido a la fiebre y a la obsesión que lo habitan?

ESTRUCTURA

La muerte en Venecia está dividida en cinco capítulos cortos. Cada uno de ellos cumple una función específica dentro del relato y se ocupa rigurosamente del asunto que le importa. En este sentido, el primer capítulo corresponde a los sucesos que despiertan en Aschenbach la necesidad de un viaje, de escapar de su rutinaria y disciplinada existencia. Además, retrata el extraño encuentro con el hosco pelirrojo, un motivo que tendrá ecos variados a lo largo de la narración, convirtiéndose en un poderoso elemento simbólico de la trama.

El segundo capítulo detiene momentáneamente la narración para retratar de la manera más extensa y rigurosa posible la personalidad del genial escritor alemán. En este fragmento se nos presenta el linaje del intelectual, su visión estética personal, sus reflexiones sobre el oficio de la escritura y la metódica rutina en la que discurren sus días.

El tercer capítulo narra los pormenores de su arribo a Venecia. Es aquí cuando Aschenbach se encuentra con el viejo en el vapor y con el gondolero en la ciudad. También es aquí donde fija la mirada en el joven Tadzio, el cautivador efebo que lo llevará, sin saberlo, al final de su existencia. En este capítulo, además, el envejecido escritor decide quedarse en la ciudad para contemplar a Tadzio, aunque ya es consciente del efecto negativo que tiene la ciudad de los canales en su salud.

El cuarto capítulo narra la manera en que el interés de Aschenbach por el joven polaco deviene en obsesión, en un juego de persecuciones y miradas que termina con el premio de la sonrisa de Tadzio para el escritor.

El quinto y último capítulo da cuenta del final de las cosas: la salud deteriorada de Aschenbach, el cólera que acecha las calles de Venecia y la derrota de Tadzio a manos de su joven amigo previa a su partida de Venecia. Es aquí cuando el estandarte moral y glorioso sobre el que se erigía el viejo escritor termina desbaratándose definitivamente, cuando acepta la enfermedad y la muerte para poder enfrascarse en la elevación espiritual que le genera la contemplación del joven rubio polaco.

LAS REFERENCIAS LITERARIAS, FILOSÓFICAS Y MITOLÓGICAS

Thomas Mann hizo de *La muerte en Venecia* un rico tapiz en el que entrelazó referencias a la mitología clásica griega, la filosofía platónica y la alemana. El texto rebosa de menciones a *Eros* y de diálogos de Platón y, subtextualmente, contiene una referencia a *El nacimiento de la tragedia* de Federico Nietzsche, un texto del siglo XIX que tuvo vital importancia en el pensamiento alemán y europeo de la época y que, aún hoy, representa uno de los momentos más elevados de la filosofía germánica.

Desde la perspectiva del filósofo alemán, lo apolíneo y lo dionisiaco presentan una suerte de desbalance en la persona de Aschenbach: el estricto intelectual ha sublimado su vida a la disciplina creativa de lo apolíneo y ha dejado de lado sus pulsiones dionisiacas; sin embargo, estas encuentran una válvula de escape con su arribo a Venecia y con el hermoso Tadzio, y explotan con violencia dentro del escritor, llevándolo por un camino decadente que culminará con el fin de su vida.

¿SABÍA QUE...?

Lo apolíneo y lo dionisiaco, dos conceptos desarrollados por Nietzsche en su obra *El nacimiento de la tragedia*, se relacionan con los dioses de la mitología griega, Apolo y Dionisio. Según Nietzsche, estos dos representan fuerzas opuestas que se complementan: por un lado, Apolo representa lo bello y lo racional, lo equilibrado y lo armónico; por otro lado, Dionisio, dios del vino, representa la fiesta, lo terrenal, la sensualidad desatada y el éxtasis.

En cuanto a la filosofía platónica, es evidente la influencia que tiene el diálogo de *El Fedón* sobre el escritor. Particularmente hacia el final del relato, Aschenbach rememora un extenso pasaje de la obra de la filosofía griega, cuando ya sabe que ha abandonado definitivamente su camino de rectitud y estricta disciplina. En el diálogo de Platón, Sócrates habla de lo bello a Fedón pocas horas antes de su muerte. Aschenbach encuentra una especie de consuelo en la idea de que solo la belleza y el camino de lo sensible llevan al artista hacia el espíritu. Resulta también paradigmático que el pasaje rememorado en el ocaso de la vida de Aschenbach corresponda también a uno de los últimos del diálogo, en el que Sócrates se despide del joven Fedón.

TEMÁTICAS Y CLAVES DE LECTURA

EL VIAJE

Desde los primeros pasajes de la novela, el motivo del viaje está enunciado. Una vez Aschenbach ha tenido su primer y extraño encuentro con el pelirrojo en el cementerio, siente un implacable deseo de viajar. El escritor se ve preso de una visión exótica, una vívida ensoñación que lo lleva a evocar parajes vegetales y pletóricos de vida, pero también de peligros; se encuentra lleno de imágenes que se contraponen entre el idilio natural y los velados peligros que este oculta. Aschenbach decide entonces iniciar un viaje, unas vacaciones que le ayuden a recuperar su aliento creativo que parece haber decaído después de años de implacable y riguroso trabajo y búsqueda. Este, por ello, no podrá ser un viaje cualquiera como el que realiza todos los años a su casa en las montañas, sino que será una excursión distinta, motivada por sus recuerdos y su nostalgia de una juventud pasada. Después de programar una visita a Pula que no lo satisface, el escritor y viajero enfila el rumbo hacia Venecia, una ciudad voluptuosa, sensual y llena de misterio. Este viaje emprendido no solo lo llevará a cambiar de aires y de lugar, sino que activará un cambio en él. El viaje a Venecia es también un viaje interior, un recorrido por su persona que lo llevará a entender quién es realmente.

La transformación de Aschenbach en su viaje y su evolución personal es el núcleo de *La muerte en Venecia* y marca el desarrollo de la acción que da comienzo cuando sale de su casa, renunciando, sin saberlo, a su pasado y al camino de rectitud que ha trazado anteriormente. Algo en él, una suerte de desazón con su presente, lo obliga a abandonar su estricta y férrea disciplina. Carece de algo, quizás de un instinto por haber estado tantos años reprimido; tiene un misterio dormido dentro de sí, que busca despertar en un sentido más allá de la dedicación espartana con la que ha vivido hasta entonces su vida.

Se ha comentado el inicio de la novela y se ha hecho énfasis en el primer extraño encuentro, que conforme avanza la narración tendrá varios y más intensos ecos, pero es importante retomar esa escena que esconde el sentido de todo lo que vendrá después:

> «Era sencillamente deseo de viajar; deseo tan violento como un verdadero ataque, y tan intenso, que llegaba a producirle visiones. Su imaginación, que no se había tranquilizado desde las horas del trabajo, cristalizó en la evocación de un ejemplo de las maravillas y espantos de la tierra que quería abarcar en una sola imagen» (Mann 1972, 11-12).

Una vez el escritor decide enfilar hacia Venecia, tras haber tenido una corta estancia en Pula, las cosas comienzan a complicarse de manera aún más extraña. Conforme el viajero se adentra en su viaje personal, interior y exterior, el lector se percata de que algo no está del todo bien. En un principio, Aschenbach presencia la voluntad de integración de un decadente anciano que busca esconder su decrepitud disfrazado de joven. La imagen de este individuo lo perseguirá a lo largo de la novela. Lo recordará una vez instalado en su hotel y tendrá un efecto premonitorio sobre su propia transformación.

Al llegar a Venecia y buscar su transporte a la isla de Lido, Ascehnbach se encuentra con otro personaje particular: un hosco gondolero que trabaja sin licencia. El viajero desconfía de él pero, al final, termina dejándose llevar por el hechizo del viaje emprendido. Las imágenes que se presentan en este encuentro también son significativas: la góndola es descrita como una especie de ataúd y el gondolero, por esto mismo, recuerda a la figura de Caronte, el barquero que transportaba a las almas por el equivalente del infierno griego. El mismo escritor da a entender esto cuando concluye que, aun si el gondolero lo conduce hasta el mismo Hades, lo habrá llevado bien. Se presencia entonces una especie de deseo de muerte por parte del intelectual alemán, que se trabajará más adelante con mayor rigor.

El viaje de Aschenbach parece concluir cuando conoce a Tadzio, el joven polaco que desata en el viejo escritor un sentimiento que nunca antes ha experimentado. El viaje interior de Aschenbach y su descenso hasta su ruina empieza con la primera aparición del jovencito. El poderoso hechizo de Tadzio es el que da rienda suelta a la transformación de Aschenbach, a su ruina. Tadzio es el guía de la exuberante aventura que imaginó en el cementerio: una exótica travesía surcada por la exuberancia, la voluptuosidad y, sobre todo, el peligro.

LA MUERTE

Este tema está enunciado desde el título de la novela y es una presencia ubicua a lo largo de sus páginas. No es casualidad que, desde el primer y extraño encuentro con el extranjero en el cementerio, todos los demás que le siguen estén delineados bajo la figura de la muerte. Cuando Aschenbach se encuentra con el viejo en el vapor hacia Venecia, le aterra la fuerza con la que este se aferra a una juventud pasada y cómo se niega a dejar transcurrir el curso de la vida que, naturalmente, concluye en la muerte.

Así mismo, y como se ha mencionado anteriormente, el gondolero remite directamente a la figura de Caronte y evidencia una especie de deseo de muerte en el anciano escritor:

> «¿Quién no experimenta cierto estremecimiento, ¿quién no tiene que luchar contra una secreta opresión al entrar por primera vez, o tras una larga ausencia, a una góndola veneciana? La extraña embarcación [...] evoca aventuras silenciosas y arriesgadas, la noche sombría, el ataúd y el último viaje silencioso» (Mann, 1972, 28).

Este desplazamiento por los canales venecianos enuncia los peligros de la ciudad y el final del viaje de Aschenbach, que concluirá con su muerte. Ya una vez instalado en el hotel, el escritor percibe un pútrido hedor que proviene de las aguas de la ciudad, que es una de las muchas señales de alarma que se repetirán a lo largo de la obra y que el intelectual alemán ignorará, una tras otra. Venecia parece prevenirlo de que en ella encontrará su tumba, mas Aschenbach prefiere permanecer en ella pese a los peligros, debido a su obsesión por el joven Tadzio.

Con las medidas sanitarias y la amenaza de un mal oculto dentro de las paredes venecianas, el escritor debería haber emprendido la huida de la voluptuosa ciudad italiana. Sin embargo, el hechizo de Tadzio es tan fuerte que Aschenbach simplemente se olvida de la plaga que habita entre los muros y canales de Venecia. Se presencia entonces otro encuentro con un extraño personaje, quizás el encuentro más violento de todos: la visita de los músicos callejeros, liderados por un burdo cantante, al hotel de Aschenbach. Además de servir para evidenciar cómo el viaje ha transformado la forma de pensar del escritor, quien anteriormente habría rechazado la conducta bufa y obscena del cantante, la aparición de este personaje sirve como última advertencia de la muerte que le espera al envejecido escritor: el cantante hiede a enfermedad, como si fuera la encarnación del mal oculto de Venecia. Sin embargo, la decisión ya está tomada: Aschenbach permanecerá en la ciudad hasta la partida de Tadzio, que también signará su propia muerte, pues con la noticia del regreso del joven a su tierra natal el escritor alemán se despide del mundo y fallece contemplándolo por última vez.

JUVENTUD Y VEJEZ

La muerte en Venecia es una extensa reflexión sobre el paso del tiempo y sobre la juventud que termina extinguiéndose para dar paso a la vejez. Aschenbach está en un punto de su vida en el que el paso de los años empieza a afectarlo, algo que da a entender muy sutilmente la narración. Quizás por esta razón se despierta en él el salvaje deseo de viajar, de cambiar de rutina, de aprovechar el tiempo de otra manera.

Una de las imágenes más inquietantes del relato es el encuentro con el viejo en el vapor hacia Venecia. En este corto pasaje, Aschenbach se siente importunado por los intentos del viejo de refrenar su decrepitud: el maquillaje, la dentadura postiza y la peluca son un pobre disfraz que no logra engañar al escritor, quien se siente extrañado al constatar que a nadie más parece importarle.

> «¿No sabían, no notaban que era viejo, que no le correspondía llevar aquel traje claro; no veían que no era uno de los suyos? Se habría dicho que, por la fuerza de la costumbre, lo toleraban sin enterarse de su incompatibilidad, lo trataban como a un igual y respondían sin repugnancia a las palmadas afectuosas en el hombro» (Mann 1972, 24-25).

El viejo termina emborrachándose, incapaz de aguantar el ritmo de los jóvenes viajeros de Pula, y hace el ridículo aparatosamente en el vapor. Quizás tenga un sentido simbólico que sea precisamente este decrépito borracho quien dé la bienvenida a Aschenbach a la ciudad, quien le desee una feliz estancia en Venecia. Este hombre causa un profundo impacto en el escritor y, al llegar a su habitación en el hotel, reflexiona sobre él. Sin embargo, pronto olvida todo esto al fijar la mirada por primera vez en el rubio Tadzio.

El joven polaco representa, entonces, la belleza de la juventud. Las bellísimas descripciones que hace Mann de este risueño preadolescente dan cuenta de cuánto valor tenía para él, o para Aschenbach, el vigor y la vitalidad de la juventud. Sin embargo, la salud de Tadzio es frágil, como parece entender el escritor por la palidez de su piel y el esmalte descolorido de sus dientes. Aschenbach se repite en diversas ocasiones que el muchacho morirá joven, que no llegará a viejo. Quizás el escritor ansiaba secretamente que ese fuera su destino, correr con la suerte de abandonar este mundo en plena lozanía.

Una de las escenas más impactantes y que adquiere importante significación a la luz de lo expuesto se presenta casi al final del relato, cuando Aschenbach visita al barbero del hotel. Entonces, se muestra una inquietante conversación entre ambos sobre la virtud de la juventud. El barbero lo invita a recuperar su perdida juventud a través del engaño del maquillaje. Le tiñe el pelo, maquilla su rostro con pomadas y rubor y, en últimas, le da un look renovado al agotado viajero, quien observa lleno de excitación su transformación extrema. Tras desplegar las virtudes de sus artes cosméticas sobre Aschenbach, el barbero invita a su cliente a enamorarse. El escritor, sin percatarse, se ha convertido en el viejo que censuraba cuando arribó a la ciudad. Venecia y Tadzio lo han seducido, lo han conducido a esta transformación. Sentado en una plaza vacía, maquillado y falsamente rejuvenecido, Aschenbach vuelve a evocar *El Fedón*, un diálogo platónico sobre la belleza y la juventud.

PISTAS PARA LA REFLEXIÓN

ALGUNAS PREGUNTAS PARA PROFUNDIZAR EN SU REFLEXIÓN...

- Hacia el final de la novela Aschenbach recorre las calles de Venecia en un delirio producido por la fiebre, ¿qué significa esto a la luz de su transformación moral?
- ¿Por qué Aschenbach compara a Tadzio con Eros? ¿Qué simbología tiene esto a la luz de lo expuesto?
- Aschenbach nunca llega a tocar al joven polaco, ¿por qué esto es importante?
- ¿Considera que el extraño del cementerio, el viejo del vapor, el gondolero y el músico callejero son la misma persona? Justifique su respuesta.
- ¿Qué simbolizan los barcos en la novela?
- ¿Muere Aschenbach feliz?
- ¿Qué simbolizan los pelirrojos en la novela? Justifique su respuesta.

PARA IR MÁS ALLÁ

EDICIÓN DE REFERENCIA

- Mann, Thomas. 1972. *La muerte en Venecia*. Traducido por Martín Rivas y Raúl Schiaffino. Barcelona: Editorial Planeta.

ESTUDIOS DE REFERENCIA

- García Cueto, Pedro. 2014. "*La muerte en Venecia*: el arte, el deseo y la muerte. De Thomas Mann a Visconti". *Fronterad*. 11 de septiembre. Consultado el 15 de marzo de 2017. http://www.fronterad.com/?q=muerte-en-venecia-arte-deseo-y-muerte-thomas-mann-a-visconti
- Trias, Eugenio. 1978. *Conocer Thomas Mann y su obra*. Barcelona: Editorial Dopesa.

LECTURA RECOMENDADA

- Mann, Thomas. 1980. *Relato de mi vida*. Madrid: Alianza Editorial.